Mofred – Ana Hernández Vila (Madrid, 1978) – es poetisa y autora de relatos y pequeñas obras de teatro. Algunos de sus poemas aparecen en las revistas literarias Alborismos (Venezuela) y Le Soc (Francia).

En papel, ha publicado *Historias para un instante de amor* (2020), *Pelícano mambí* (2022) y *Segundo B* (2024).

Publica asiduamente online y en su cuenta Instagram, donde expone grafo-poesía parlante, como *Cortinas*, que fue proyectada en Barcelona, en la muestra V2 VERSOS&VISUALS del festival de poesía Nudo'23.

Con su grafo-poesía ha ilustrado también eventos y desastres naturales para las noticias internas de la organización no gubernamental ICORP de ICOMOS.

Ana Hernández Vila – MOFRED

EL SECRETO DEL EMBRIÓN

©Ana Hernández Vila – Mofred
©EL SECRETO DEL EMBRIÓN, 2024

Poesía e ilustraciones por Ana Hernández Vila – Mofred

ISBN Libro en papel: 978-84-685-8404-1
ISBN eBook en pdf: 978-84-685-8405-8
Depósito legal: M-22208-2024

Impreso en España
Editado por Bubok Publishing S.L.
Distribuido por Bubok Publishing S.L.

Esta obra ha sido publicada por su autor mediante el sistema de autopublicación de BUBOK PUBLISHING, S.L. para su distribución y puesta a disposición del público bajo el sello editorial BUBOK en la plataforma on-line de esta editorial. BUBOK PUBLISHING, S.L. no se responsabiliza de los contenidos de esta obra, ni de su distribución fuera de su plataforma on-line.

A Nilde,

Desconocía el amor que al cuerpo deshace en tentáculos
para sobrevivirse, a pesar de las tretas,
para agarrarme.
Cuando tú naciste, porque de mí naciste, salió de mí el sol y
todos los telones ventilaron sus sombras aprendidas
y pude reconocerme,
volver a ti

EL SECRETO DEL EMBRIÓN

~ Audio Libro ~
El secreto del embrión – Audio LINK
https://elsecretodelembrion.tumblr.com
<u>Palabra clave</u>: elsecretodelembrion

Prefacio

Dejo, en estos versos, muchos recuerdos. Pertenecen a momentos dispersos, durante la gran metamorfosis que experimenté convirtiéndome en madre. Una metamorfosis que no sólo sucedió en mi cuerpo, sino en todo lo que me rodeaba. Los comportamientos cambiaron. Las miradas cambiaron. Los abrazos casi se extinguieron. Me sentí muchas veces en un lugar desconocido y hostil, con un bebé-sol agarrado a mis pezones y una multitud de dedos criticones y malpensados, incapaces de empatizar.

Maternidad. Y, ¿qué es maternidad? Es tan aparentemente obvio y resabido, que apenas se habla de ello y cuando se hace, se critica por norma, se le quita importancia; incluso, se mofan. Como si no fuera de nuestra incumbencia. Como si se tratase de algo prohibido o peligroso, de un tabú.

Es tremendamente vergonzoso, que nuestras sociedades no estén preparadas para abrazar ni valorar a las madres. Es indignante que nosotras, mujeres, madres y compañeras, pero también vosotros, hombres, padres y compañeros, nos encontremos tan desarmados, enfrentados e ignorantes, tan desconocedores y desconfiados, sometidos a acatar lenguajes y normas, que nada tienen que ver con los siglos de evolución que compartimos como especie. Es injusta esta tradición que nos censura. Porque sucede que, al hablar de maternidad, resuenan en las tripas los ecos de una doctrina que nos enemista y nos altera. Y bajamos la voz y pedimos permisos y disculpas.

Así de fácil, nos somete un dogma. Se inmiscuye en la opinión pública y censura, sin pudor alguno, ametrallándonos con mensajes subliminales que escapan a la razón. Este dogma no sólo subyuga a las mujeres; condena también a nuestras hijas e hijos. Se impone repetidamente, demasiado como para no darnos cuenta. Sin embargo, parece que preferimos dejarlo pasar y arder en una rabia, que, además, ni siquiera es nuestra. Ni siquiera es rabia. Es un botón que salta si cuestionas, si piensas, si escuchas.

Debemos poder parar este engranaje. Querer pararlo. Abrir nuestras mentes; no es un simple acto efímero sino una forma de vida. Porque está escrito en nuestros genes que una madre sabe ser madre y nada han de opinar las leyes de los hombres. Hablar de maternidad es hablar de lo que somos y de quiénes somos, significa cuestionarnos y conocernos. Se trata de la característica más representativa de nuestra clase animal. Somos mamíferos. Debemos hablar. Debemos seguir hablando. Y denunciar todas las veces que nos destronan de nosotras mismas. No hay mayor retraso ni mayor violencia que los provocados por la ignorancia voluntaria. Expresarnos es aprender a escuchar, aprender a compartir, aprender a colaborar y comprender por fin, que la ciencia y el instinto se trabajan juntas; se necesitan. Reconozcamos, de una vez, la sabiduría que reside en el instinto natural de las madres. Si a la maternidad se le atribuyese la importancia que realmente tiene, viviríamos en sociedades más conscientes y más justas.

Es urgente.

Bolonia, 2024.

EL SECRETO DEL EMBRIÓN

Sentí
romperme
todas las veces
todas las veces
volví a nacer

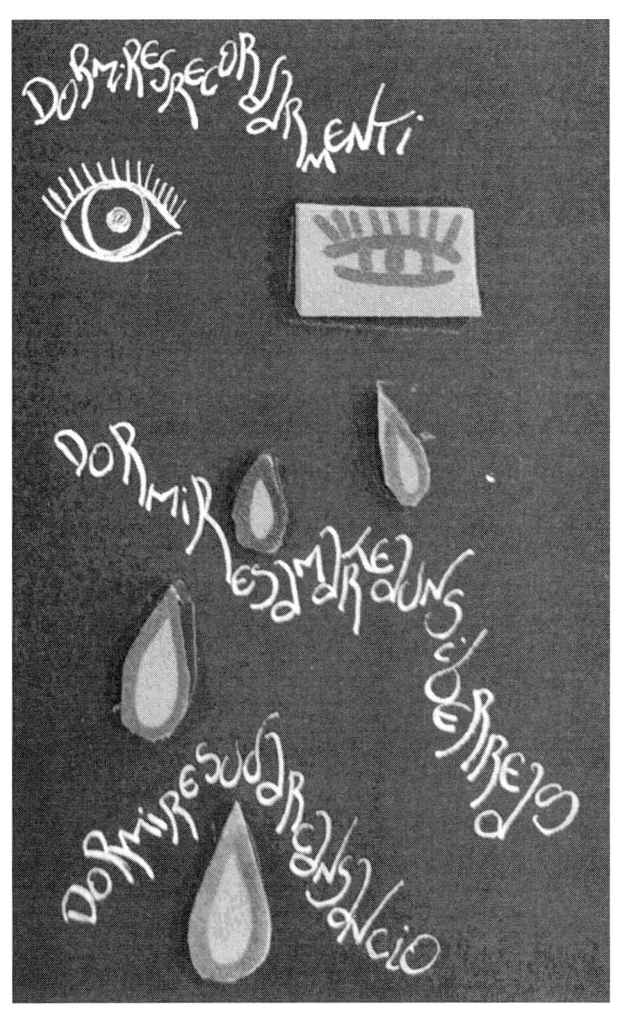

17

Donde sois, nos hacéis de nuevo

Ese lugar secreto, tan nuestro…
tan completamente nuestro

El fuego arde en el viento y
en la tierra, se derrite el agua
en sus espejos
donde la luna se hace sol y el sueño es verso y la paz
no es menos real que mi aliento
Ahí
donde sois
en la belleza y en el pulso de un amor de amores sin dueño
los tiempos se abrazan y a nosotras
nos hacéis madres
nos hacéis de nuevo, como si nada hubiese sido ni estado
nos hacéis ser lo que somos en el camino intenso. Y
somos panteras y somos magas y somos el presente vivo y
lento]
de lo sabio y de lo cierto

Postales

Cuántas veces te busqué en el aire de los sueños
y no venías...

Cómo saber de ti
de tu aliento ondulado
en mi sed de aire, el ansia
conmigo, en mi mano tus dedos
en mis alas tus huesos
Cómo saber de ti en mis ojos
yo en los tuyos
la pupila inquieta
que destella cuando despiertas
que giras en brazos del sueño y
bailan las cuerdas
el llanto en el mío
de lianas de grito de letra
de las noches eternas
Cómo saber en tus orejas
de mí contigo en el canto
y tu voz abierta
Cómo saber de ti
de tu mirada llena
de tus labios secos
en tu beso el hechizo
en mi piel la marea
y no frena

Cómo saber de ti
que ya me miras
como las estrellas, lejos

Y sin embargo me llevas

Partes de mí

Te perdí sin querer, como los nervios.

Eres bolita
de carne enredada en mi
fantasía azul

De mi piel sales
de tu concha perlada
sangrada de mí

No hay dolor en el
alma, mas un silencio
que ausente mata

Al secreto en la
conciencia enajenada
por las miradas

Y al nervio enfermo
que me desata de la
luna encantada

Síntomas

Metamorfosis. La belleza, en primera persona, duele.

Ya se mueven las aguas largas
otra vez ese vacío
y el mareo en mi garganta
que no es de mar
me posee
en los anillos de un capullo afilado
me aturde
en las gotas de tinta que me ha robado
y que al azar coloca para mirarme
a través de las bocinas sordas
para retumbarme
para agarrarme a los muros de los tímpanos
donde los cabellos me ondean drogados y
las sirenas cantan a gritos
a la mueca y al cansancio
me mata
la boca seca
me nausea
el día cuando pasa
si es verdad que esto es un día
o son las tripas
de otro sueño torpe
Me traga

Ahora…

…que dormito por los pasillos y busco restos de jengibre.

Ahora paseo por donde lo había dejado
a un lado de mí
abandonado al letargo de un pensamiento parado
en la palabra corta
que no acaba
ni empieza
como en un lagrimar, el deseo cuando recuerda
y el papel se alarga y en las nubes y el horizonte azul

La curva

Idilio. La belleza, en primera persona, va compartida.

Es el perfil de línea
que estremeces al pasar
con tus pies menudos y
tus dedos a punto de formar

Eres como un dibujo en el mar

Es la silueta imprecisa
que sorprendes al girar
con un temblor que me asoma
repentino y fugaz

Eres como la flor que susurra cuando la miro brotar

Es la marea y la curva
la cometa atemporal

Eres el papel ligero que me ondea al flotar

Arráncame de mí

Parto. Decadencia asistida. Drogas, gritos y mentiras...
me salvaste, tú.

Esta noche he perdido los pasos
los he dejado bajo la tierra seca
donde se para el aire

He pedido el arresto y la muerte
y te he encontrado junto a mis vísceras rotas
vida en mi vida

Esta noche he desgarrado con mis manos
un colchón de acero
y he cedido al frío intenso

Me olvidé de tus pies, de tu voz, de tu aliento

Desperté sola en el desierto
ni bosque de perla luna
ni sendero

Gusanito

Maternidad.
Piel. Dolor. Cansancio.
Sabiduría. Amor. Leche. Renacimiento.
Metamorfosis. Abanico genético en acción. Instinto.
Besos. Alegría.
Suave. Alerta. Salvaje.
Esencia.

Desnudas, mi piel y la tuya
serpentean, se achuchan
como golondrinas
mientras te miro y me hueles
cieguita, mientras me buscas
escurriéndote en mis axilas y
yo dejándote
que me descubras

Soleá del abandono

Paternidad.
Sorpresa. Confusión.
Corto circuito.
Incomprensión.
Autocompasión.
Incomunicación.
Abandono.
Tiempo, mucho tiempo…
…para dar calor. Observar. A mi lado.

Un elefante
ha perdido en la senda
la tierra entera

Sufre el barrito
resuena, retumba en la
herida abierta

Pues, de mañana
trinaba aún la noche en las
sábanas tercas

Por los pesares
que al amor envilecen
las sucias tretas

Y que a la cama
despoja de sus ojos
blancos de seda

¡Qué oscuros son ya
los días! ¡Que no sueño
si no es de pena!

Mas en la carne
se arrugan las tristezas
si tú me besas

Querido aliento
que en ti huyes confuso
si tú recuerdas

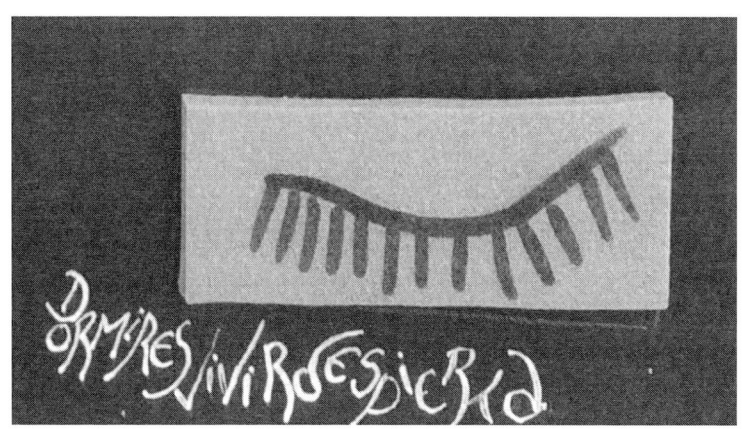

39

Delirio en mi pecho

La maternidad, en primera persona, duele.

Son tus labios en mi piel
el aliento onírico de mis besos
aun la noche espesa no termine de apagar
este grito ciego y agarrado a mis sesos

Son tus labios la demencia de mi pecho
de mi abrazo, la ilusión de un tormento
que reprime ese llanto desolado
no sabiéndome sin ti en mi regazo

Son tus labios el barquero, que vuelve a mis sueños largos
a buscarme
a llevarme insistente a tu capazo
para colmarme de ti los brazos, que acuno vacíos, a tu lado

Poema breve

Oda al amor.

Cuando las horas de la noche silban tu nombre

vuelo dentro de ti, en tus letras

y ya nada duele

Si despierto contigo

Soy de leche en tus manos.

Veo en el ojo turbio
una franja de olas
espuma de sales vivas
Miro en sus aguas; son las mías
o el vaivén de los humores que me acunan;
el rocío; ausente de mi duda dormida, casi desaparecida

Nosotros

Ni los recuerdos ni la nostalgia bastan
sólo el amor arde.

De tu cuerpo, mi piel
de tus piernas, mi boca
de tus brazos…
Un suspiro me ha parado en un sueño largo;
en el tiempo que espero
se aparta de mí

Dormir es amar que me llames *Ngué*

He tenido muchos nombres
Ngué, en mi cuello
Ngué, en mi pecho
; fueron los primeros

Es fino en principio
profundo
casi un grito mudo
Es un reclamo ardiente
un sonido tibio
hinchado
a punto de arrebato
aun no cometa agravio

Tus dulces ojos irritan e inundan de tragedia tus mejillas

Agita el verso de tus labios y, en tus puños, arremete
el gesto tenso o el silencio extraño
como si el salto de tu cuerpo convulso bastase
para articular mi oído en tu llanto

Ngué me llamas *Ngué*
y en la inopia torpe yo desespero
Ngué me chillas ¡*Ngué*!
y yo en tus ojos me destierro
Ngué me suplicas *Ngué*
y, sin querer, queriendo me quedo
arrullada en ti; yo me duermo

Tus manos me avisan
Ngué me llamas *Ngué*
Tus ojos me brillan
Ngué te amo *Ngué*

51

Encarcelada de ti

Los días pasaban sin mí. Cuando me di cuenta,
los dejé seguir pasando.

El día lleva de noche más de un mes;
yo me levanto para verlo nacer
mas los ojos se me despistan y
de nuevo hoy, lo veo anochecer

¿Cómo puede ser que yo te adore y te sufra a la vez?
Que, si me alejo, añoro el olor de tu piel
Que, si me quedo, deliro tinta de papel
¿Cómo liberarme, si prefiero enloquecer?

Fuera, las calles están frías
las nubes se amontonan para calentarse
los cielos casi no se ven
Las estaciones pasan, a pesar de mis ropas confusas
y, en mis días, que corren velados,
los cristales suenan las gotas que salpican el barro

Tú duermes a solas y yo, esperando un poco de tu canto

Abstinencia

Estar a solas es un privilegio. Estar sola, no.

Un momento a solas
ya no recuerdo
a solas
Un momento para mí
sacudirme en las ideas, divertirlas
girarlas al hacerlas discurrir
enredarme sólo para mí
junto al sol ebrio en el ocaso
que se despide de mí

Nana para una encía desnuda

Tu boca y mi pezón; memorias.

En las estrías de mis pezones
recibo tus primeros besos
tus amores y tus lloros
tu lengua trémula, sedienta
en mi seno
y una lágrima, que me abre
con tus manos, que me agarran
por si en el sueño me pierdo
o por si me confundo
por si no recuerdo que, en mis brazos, te tengo
en las heridas que muerdes
te siento
aunque tú sigas en la cuna y yo
te crea ya en mi pecho

Giorni

Si la emoción enferma y la palabra se pierde,
todo se derrumba

Sono passati tutti quei giorni, in silenzio
Con tre carezze appena, mi hanno sfiorato
e sull'orizzonte, si sono alzati i colori
ove di notte, poggiano stanchi pensieri e timori

Sono passati tutti
nemmeno uno è rimasto
Via l'amore me l'hanno portato
Lo tenevo dentro questo bacio, ora eviscerato
sotto le stelle di un albero

Ho rimosso, dalle pietre, la terra
che affondava nella pelle
e la parola si è persa

(Versión traducida)

Ya han pasado todos aquellos días, en silencio
Con apenas tres caricias, me han rozado
y sobre el horizonte, se han levantado los colores
ahí, donde de noche, se apoyan cansados pensamientos y
temores

Ya han pasado todos
ni siquiera uno se ha quedado
El amor, me lo han usurpado
Lo guardaba dentro de este beso, que ahora yace destripado
bajo las estrellas de un árbol

He quitado, de las piedras, la tierra
que, en la piel, penetraba
y se ha perdido la palabra

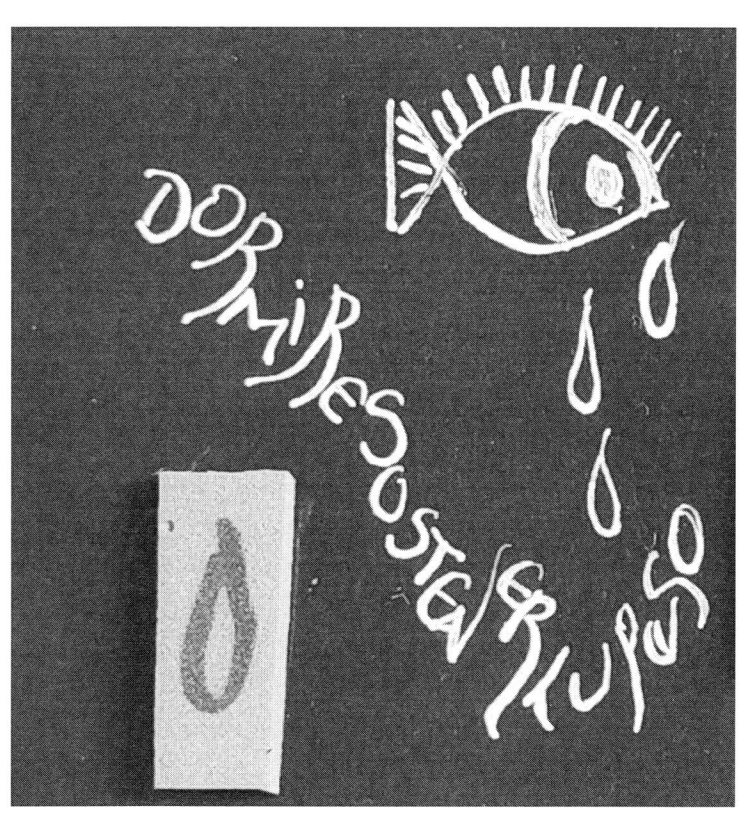

Gota de perla

Los días soberbios cargaron de necedad el mundo
y abrieron una grieta en la psique,
una invasión violenta.

Gota de perla, que asomas por su boca chica
en su lengua, te reposas
como un pétalo en la luz, que al mirarlo ya me deja
mas yo muero si te ausentas
De pena, yo desaparezco
si me olvidas, es tremenda la tristeza

Gota de perla, tú que brotas en las comisuras de una estrella
enloqueces en mi alma lo mismo que yo sin ella

Babitas

Todas las cosas que me decías, las he guardado en mis ojos.

Hoy aprendí una palabra nueva
una burbuja de papel
un gorgorito
En tu morrito, me *abracité*

De sus manos

Suenan en mi recuerdo; diez sonajeros
tiemblan, en tus dedos

Hay algo en sus manos, que en las mías falta. Aún no sé bien qué es. Me he puesto unas gafas para investigar sus palmas, y otras, para no olvidarme en las comisuras de sus dedos mientras, en ellos, me pierdo, pero aún no he encontrado nada; y eso que empecé ayer. Llevo más de veinticuatro horas observando dentro de cada doblez. Deben de hacer falta unas gafas diferentes, unas gafas específicas para este tipo de cosas, unas gafas a las que no le falten ese *yo qué sé* que se me escapa y que tanto querría saber. He pensado en preguntar a la vuelta de la esquina. Quizá, pueda ella darme alguna pista. Con ella, la perspectiva cambia, todo se ve de manera distinta. Hace poco, me paseé por ahí cerca. Por un problema de amores y un enredón de tinta. Al principio, dudé. Poco creía. Mas bastó sólo acercarme: al mirar, las luces ya se habían transformado en largas cintas de raso y de colores variados. Partían a volar. Casi acariciaban los mismos cielos que las estrellas, casi los tocaban con el fuego tibio de sus cuerpos, y dejaban una pequeña banda de polvo naranja. Nada después fue igual. Mis ojos habían cambiado. Parecía que se alargasen, que se estirasen, como si quisieran alcanzar las cosas y olerlas y abrazarlas. Podía darme cuenta de cada una de ellas; aprender de todo cuanto ellas quisieran. Y entonces, vi ese amor que se me escurría de las venas, lo vi de cerca y lo dejé escurrir, sin tener prisa ni esa angustia maldita y atrevida que tanto me oprimía. Volví a flotar.

Del amor, no sé mucho, la verdad... de aquel amor, digo. Mas tengo ahora estas manos, que me lo cuentan todo, aun todavía, yo no entienda nada de nada.

Mamífero

Soy un animal
con glándulas mamarias capaces de producir leche.

En cada grito tuyo, me desgarro
como el pétalo del sí quiero
como el miedo
En cada uno de ellos, chirrío en mi cabeza
como el hambre de tu lágrima espesa
como la tormenta,
porque yo quiero en las horas poner una flor
una larga flor, con tres pétalos y dos hojas a los lados
que aleje la certeza de la ausencia
y en su perfume, amarte con mis senos
llenarme con tu voz, escurrirme
porque yo quiero en tu boca acunar una canción
como la marea que se apoya en la tierra seca
para saludar al sol

Esperándome

Cuando no podemos más, el ego se desdobla y los ojos
se multiplican

La vida encerrada no respira;
es como una idea muda
que, al saberse, se deshace
porque no se escucha

Mis ojos son un poco como esa vida;
al mirarte, se marchitan
porque no me buscas

El charquito

En mis brazos, en mi cuello, en tu piel…
saltábamos en las nubes y
la luna sonreía.

En esta pausa me cuelo, como la tinta que me falta

por ti, que te entretienes en mis hombros y

los encharcas con el verso ligero

ahogándome yo en el hueco

Cómo puede ser el cansancio tan bello

que ya de lejos me hinchas el mar en los senos

que, si me acerco, late la luna en el techo

y sin quererlo, me despierto

Señor biberón

Menos que a mí, te gustaba. Lo gritabas mejor que yo.
Que nos dejaran.
Tu sentencia clara hinchó en mi pecho la gracia.

Te ves erguido, esbelto de cuerpo;
como tal, eres alguacil apuesto, vigilante
atento al primer lamento
al vacío hablado que se explica
con el agua de los ojos y la baba reprimida
en los morros, que se hinchan y te excitan

Tus medidas, hace ya meses, que me acechan
las distraigo con labores, por si la duda se presenta
aun ellas sepan cuán paliativas sean
Mas, te mantienen ocupado, lejos de mi tarea
pues ni yo ni mi azucena queremos que tú intervengas

Así, debes seguir agotando en la nevera
el ansia turbia y densa de mis pechos
que en mi cabeza desespera

Dos soles

Al alba, se abre la piel en el horizonte y
llora lágrimas rosas.

Ya estás en mis piernas, que tiemblan

contigo acurrucada

con tus gritos, tus pedorretas, tu llamada tensa

doblada, como el libro húmedo que se deja

que libera el alivio de la pena

e insiste

en tus dedos mojados

en tu lengua

donde dos soles inquietos se acunan

en tu mandíbula tierna

Mil y una

Esperaba una mirada,
pero la mitad estaba dentro de mí.

Lo que te quiero no lo pueden soportar mis ojos

ni la locura de mis nervios ni las cuerdas de mi piel

que se estremecen cuando te acercas

pues saben que ya te alejas

y son muchas las cuentas al día donde paseo

con un sollozo lento que anhela, en mi pecho, tu regreso

Brindis de sal

El amor, en primera persona, se marea.

Mil veces murió
la luz, antes que el año
enamorado

Cucharita cereal

Tranquila
como la espuma que se deshace en la arena.

Una cucharita de sabor
ha descargado de mi cuerpo el nervio
de las noches, el abuso de los miedos
el alud agarrado, el bloqueo
esa obsesión

Salvarme es gozarme
en tu lengua amante, fiel a mi pezón
el deseo y el amor

Pequeña duende

Sigo enredada en tu lápiz, contigo
como el viento que se pierde en el perfume de las trepado-
ras.]

Querida, en tu coronilla rizada
caen mis ojos cansados
aún conmovidos y enamorados
por tu sonrisa pilla y tu voz aguda
por esa nariz felina
por la noche que acicalas en mis días
y los más de cien gruñidos que me buscan
o en tus dedos o en tus manos o en tu boca, mi vida
Que me invitas a quedarme agarrada y loca
de tu oreja duende, de mis hojas
de tu carne rosa

Manchita rosácea

Una yema rosa, un pétalo delicado, todos mis besos.

Me gusta ser un segundo en tus ojos

un silbido mágico

una flor

Al trote

Mientras bailaban los sueños…

En mi hombro, dejas
dibujado el aire de
mi hinchado pezón

Capazo viejo

Los segundos, a tu lado, se pegaron en mí como lunares,
se quedaron bajo la piel.

Capazo de ala baja
que ya no esperas, mas aguardas
aún vestido de nana y
con las sábanas perfumadas
En ti, vierto el recuerdo;
cercano abrazo de lágrima
que pesa en la hora callada
a mi vera, ¡ay, de mi cesta lejana!

De risa y de nervio, lloraba en su boca
un deseo, como una veleta al viento que se resbala en el sue-
ño]
Sus piernas giraban, sus manos giraban
mas si bien le gustaba
prefería el olor de mi piel en su cara

Capazo, que en ti me pierdo
en lo que dura esta mirada
dame la calma y el mar nuevo
dulce de tu amada

Suspiritos

Como el mar, que toca un poco de luna
hasta llevarla a la orilla.

Suspirito de agua eres
en mis brazos, que se hinchan
que se aturden
en ti y a tardas horas
cuando el sueño tira de los ojos
y la piel se deja estirar

Pequeña luz

En su lugar, un bosque se apelmazaba detrás de unas ramas
muy austeras del tanto llorar.
Pero un tintineo latía
por dentro…

Cuando asomo la mirada
me dibujas

Soy de tierra, un corazón
que hierve

Como esa flor de cristal
en invierno

Que, al brotar, se quema el fuego
y la piel rejuvenece

Flores y paillettes

Dibujé una sonrisa en mis labios y se giró para llorar.
Enseguida le di la vuelta y volvió a girar.
Estuvimos así días.

Me viste
de nuevo el salvaje
Me arremete
con destreza
el dolor
el hambre que solloza
una historia
al salir del sol

silAbismo

De pronto, las palabras saltaban de tu boca.

Las palabras que repites
me aturden
me regalan el azar
un vuelco un estallido interno un mareo
un momento en mi memoria
el más suave e intenso despertar
un profundo mirar
y el silencio repentino, que precede al caminar

Vocales locas

Escucharte, voz bruja de mi vida, es lo que más me gusta.

En tus palabras, por fin, me sueño con vocales que seducen

a mis pies]

que se estiran como estrellas de papel

y me brillan y me acunan con garabatos de miel

Mirarlos volar, para mí, es nuevo como el sol que amanece

como la sonrisa que, en tu boca, me habla recogida

y me aparta de todo y me llena tu voz, me ilumina

El juego burlón de la peonza

El silencio de las palabras
se desangra. Me ciega el ruido, la repetición.

No despierta ya en mis ojos la aurora
sino un calor augusto
una ira rota
e irrumpe en mi garganta
me invade una memoria, me observa
el gesto, la brisa en las manos, mi boca
El grito me desborda. Rueda una peonza y el viento sopla

Nerviosidad ambulante

Deambulan mis piernas y mis brazos cuelgan,
mas no me pesan.

Qué sería de mí
sin el beso dulce que trina agitado en las tripas

Un cúmulo de frases rotas
ansiosas, perdidas
como los ojos de la luna

Un grillo enamorado
que en la boca de un gecko
seis versos, recita

Un estallido sordo
una brisa muda en los árboles que silban
el susurro de una nota tímida

El eco posado, el adorno en la repisa
junto a mis gafas vacías

Mas se abre en la puerta una rendija
porque es el amor de tus dedos, el que late
como una espina en mi pecho, mi poesía

Porque la tierra canta en mis brazos, duermes
mientras yo caigo dormida
yo y mi pluma en tus caricias, yo y la tinta

Chapoteo marítimo

Volver al agua, nadar juntas… como la nubes

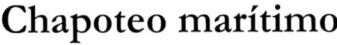

Mientras nadas
ondea en el cielo un lazo de mar
que esparce granitos, los hace salpicar

Humo jinete

Y sé que ya perdí,
pero yo igualmente aprieto.

Aprieto para no alejarme de esta realidad, para no cerrarme tras los párpados que a mis ojos añoran, quizá porque un día son demasiados segundos queriéndose abrazar. Aprieto. Insisto cuando aprieto. Porque si me voy, me olvido, me ventilo en un sueño bobo, uno de esos que se amontonan, poco a poco, sin cuidado ni orden, a engordar de pachorra en mi cabeza. Así que aprieto, con toda la voluntad que me sobra antes de caer rota. Antes de que, en tu llanto, se desvanezca el cansancio profundo y largo, antes de quedarme a ciegas, en el limbo espeso de cada una y todas las noches oscuras que me unen a ti. Aprieto. Siempre aprieto. Aun la memoria, que es más testaruda que yo, me la juegue y me devuelva al regazo suave, en tus manos, y a tus labios. Aun sea fino el aliento despierto y brujo sea este momento que desata, en silencio, los huesos de mi cuerpo. Y sé que ya perdí, pero yo igualmente aprieto. Como el humo que se riza en la noche densa, que se agarra al aire quieto, que lo trepa.

Humo jinete en
la noche enlunada que
reposa en calma

Vuela una estrella. Vertical y somnolienta, me empuja. Al corazón dormido, lo suelta.

111

Sirena

Llévame en tus dedos, adonde quieras.

De mis brazos, a la tierra
zarandeas con tus piernas
te enredas, en oníricas melenas
como las sirenas
a mecer el perfume de las adormideras
del viento acunado, a crecerlas
como el aire al amor encarnado
a los días, que llevo mirando
con mi tripa, en tus manos
tus labios, que duermen al pan, desmigado

Estrellas de madera

Guardo un sueño en el techo, en una galaxia espiral.
Tres milpiés, un tren, cinco lunares azules y una piedra del
Everest.

Te canto casi muda, te acuno

con el baile ligero en mis brazos

te miro con cuidado

Aguardo a que tus ojos claros

descansen agarrados al sueño calmo

al amor de mis labios, traviesa y pequeña mía

que aún, en el techo, dibujas

cientos de estrellas y criaturas minutas

y en la madera, cuento mil viajes a tus lunas

La siesta

Y en los colores de tus sueños, volaban los míos
se acercaban a mí.

Miga de pan
te duermes deliciosa
en mis ojos, sobre su boca

Culo respingón

Pañal gatuno que te meneas coqueto; te alejas libre
un poco más.

A cuatro patas
recorres el corazón
de la mañana

En tus deditos
un jardín, polvo de anís
y tu mirada,
mientras la lluvia canta
versos de plata

Y en tu trasero
me engancho a los andares
me rindo engatusada

Soledad

Hay dos formas de soledad. Una es voluntaria.
La otra no.

Una espina antigua
un resquemor me visita
me marchita el vientre, me pierde
y las nubes ya no son nubes
aun el agua me pese

No sé dónde estás, herida;
ya ni te veo, ya ni te lloro
pero algo de mí te siente
y en la mejilla, un dolor ahonda
injusto como disparatado, me ahoga

Hoy debiera ser maravilloso
pero, en mi pecho, amarga el llanto
el desaliento autoritario
y el deseo malmirado de importar, aun
no se necesiten mis cuidados

En este perfilar del año
hemos creado juntas
un jardín abierto, un regalo en mis manos
a cambio de no ser más mía,
mas de tus ojos claros

No hubo noches, sino días de letargo
en mis brazos, sola con tu canto
mi pecho enamorado
y el beso dulce de tus labios
en mis hombros, un amor desgarrado

Me pasa que me aprieta el cuerpo
que me espía ese baile tenue, me desvela
el tiempo que inicia y se deshiela
a correr salvaje por mis venas
a la sombra, ahí dónde sólo tú me encuentras

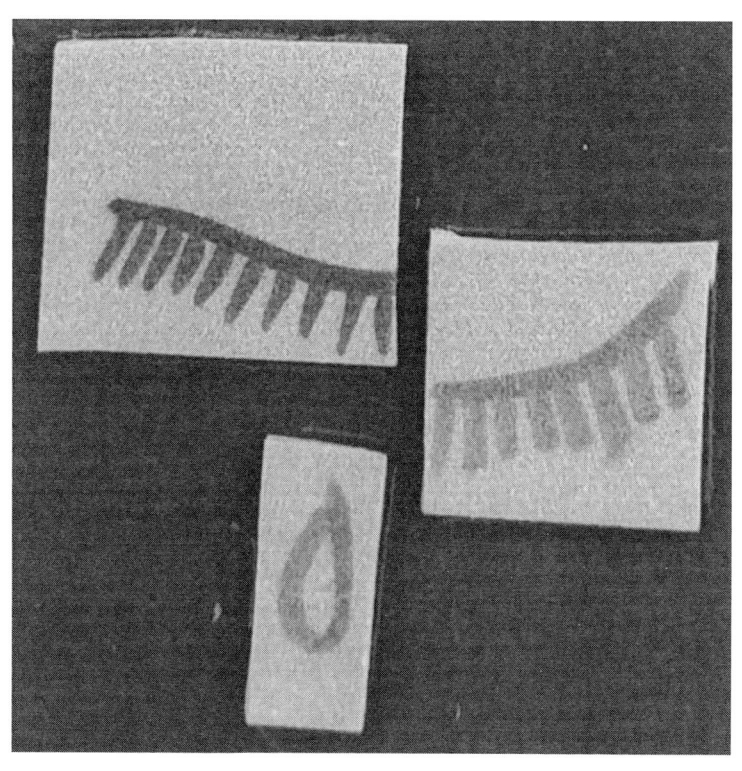

Colchón inquieto

Antes de soñar, un beso tiembla dormido.
Aun te acaricie, son más rápidas tus pesadillas.

Duermo en ti como un sueño en la luna

Mas si me alejo, si me voy
aúllas, pues no duerme tu piel en la mía

Sin tiento y a oscuras, me pierdo
como el deseo ciego que se cae, cansado
como el susurro, como el aliento

Duermo en ti como la arena en el viento

Mas si vuelo alto, si me desprendo…
duermo en ti como en los días viejos

Noche de azul

Velo a la lágrima inquieta de tus ojos que, en mí, distraigo
con las estrellas que invento
agarrada a tu mano.

Duermes como una hoja ligera
como ese rayo de luna o la sombra de esa gota
que se esconde en la tierra seca
abierta, como el aire dentro de mí
como el pellizco que no puede dormir

Las nubes todas se fueron, marcharon de aquí

Que en la noche azul
brotan mariposas de
piel parda y anís

Duermes como la marea alta
como el secreto que danza y se pierde
antes de recogerse en las aguas bajas
como el silbido que me apresa en el sueño
y en tus ojos, me guarda junto a un cascabel de plata

A la arena voy, a por mi estrella, a buscarla

La luna duerme
y en mi pecho desnudo
susurra el llanto

Mas cantas en mis brazos y se mueven los tejados

Moradita

Cantábamos durante horas…
se dormía tu encía
y también nosotras.

Aprieta moradita, aprieta
que ya asoman rechonchas
las damas en tu boca

Agárrate el dolor
maréalo
apóyalo en mis hombros
resbálalo
como el llanto pardo de la luna
en mi cuna, tu canción

Aprieta hinchadita, aprieta
que ya muerde en el sueño
un pico tenor

Un paso

Tu primer paso abrió otro mundo;
yo recorrí los cielos.

Una ola de viento
se ha llevado de mis ojos las legañas y
me han sacudido de pronto
tu salto valiente, tu risa, tu pillería y mis entrañas
mientras ya la arena removía en mis tripas
el grito mayor de alegría
pues cabalgaba el aire trémulo
tu pie menudo y atento
que caía novato
mas sin perder aliento

Mujer

De pronto, un rugido inundó la Sabana
y los árboles multiplicaron sus frutos.

Qué somos, si las miradas se esfuman

pasan de largo

como si fuésemos un mero déjà vu

un algo para después

un si acaso, más tarde

un para luego, si me acuerdo

un ya sé, ya me lo conozco, sé de qué me hablas

o mejor otro día, cuando tenga más ganas

Qué somos, si los gestos que nos cruzan nos clausuran

como a una locura profunda

un tic nervioso, una histeria salida de tono

una bruja de brujas o una puta depresiva

la vergüenza que se excita

la rabia desmelenada, una enferma de cama, un pellejo

desmedido]

la herida que se queja, la inaguantable pesada

la navaja lasciva, la borracha

Qué somos nosotras, si también ellas nos matan

nos callan, nos juzgan, nos señalan, nos engañan, nos

traicionan]

nos envidian, nos roban de los ojos el alma

mientras desnudas las creemos hermanas, mas no son más

que perras descoñadas]

resabidas machistas preparadas para soltar las más burdas
chorradas]

para salvar el honor del cobarde que abandona

del que se acongoja, del que se ahoga la cara para no darla

Qué somos, si cedemos, si no gritamos para decir basta

Qué somos, aisladas, ciegas y mudas

solas en esta soledad obligada, desterradas

Qué somos, si se ríen todas esas bocas baratas

si los recuerdos se pierden, si las mujeres se callan

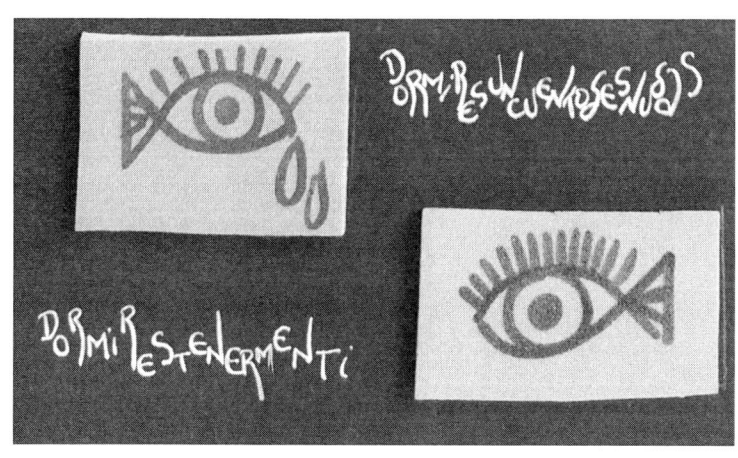

ÍNDICE

~Obras de la misma autora~

~*~

~Obras publicadas en papel~

Historias para un Instante de Amor – POESÍA (ed. Bubok)

Pelícano Mambí – POESÍA (ed. Bubok)

(*) Segundo B – RELATO (ediciones Alborismos)

https://www.bubok.es/autores/Mofred

https://www.autoreseditores.com/mofred

(*) disponible también en **Amazon**

~*~

~Obras publicadas online~

"¿Perdone, ...? - ¡deneí! ¡deneí!" – RELATO

Me llamo Siba y soy una piedra – CUENTO

Ligadura de esparto – TEATRO EXPERIMENTAL

Mofred – POESÍA

La dama de San Anselmo – RELATO

México en los ojos, Trópico en la piel – POESÍA

Mujer, yo te cuido – POESÍA

Diario de 7 días y 7 gotas de agua – RELATO

La Corrala – RELATO

Écoutes, Échos, Espérances – T. EXPERIMENTAL

Lloro una senda para mi seguridad – POESÍA

Apoesíaco – POESÍA

Un tipo muy español – POESÍA

Hablar es de sordos – POESÍA

Mio petit languaje – POESÍA

Cahier de notes – RELATO

Las moscas en la cabeza hacen bizzt – POESÍA

Tira de mí – POESÍA

El dedo de Hamilton – RELATO

Pariéndote – RELATO

In Memoriam – POESÍA

De Zinc y Cobalto – RELATOS

Memorias de una Corchea – POESÍA

https://www.smashwords.com/profile/view/mofred

~*~

~*~

Poesía Online Mofred Poetry @

http://www.mofred.tumblr.com

~*~

Grafo-poesía parlante #mofredPoet @lafalfy

http://www.instagram.com/lafalfy

~*~

El Agua de las Nubes @ **https://mofreda.blogspot.com**

Color del Mare @ **https://mofredart.blogspot.com**

Têtards en l'Air @ **https://mofredar.blogspot.com**

~*~

~ Audio Libro ~

El secreto del embrión – Audio LINK

https://elsecretodelembrion.tumblr.com

<u>Palabra clave</u>: elsecretodelembrion

~*~

Gracias por comprar mi libro. Espero que lo haya disfrutado.

~*~